AF242833

ABSTENTION

OU

VOTE PAR BULLETIN BLANC.

FÉDÉRAUX ET SOCIALISTES

Par J. BUZON Jne

Qui dit Liberté, dit Fédération ou ne dit Rien
Qui dit République, dit Fédération ou ne dit Rien.
Qui dit Socialisme, dit Fédération ou ne dit Rien.
(P. J. Proudhon, *Capacités Ouvrières*).

Vidi gente attufata in uno sterco
Che dagli uman privati parea mosso.
Dante. — *Chant XVIII.*

BORDEAUX,
IMPRIMERIE MÉTREAU ET Cᵉ
Rue du Parlement-Ste-Catherine, 19.

1869.

ABSTENTION

ou

VOTE PAR BULLETIN BLANC,

FÉDÉRAUX ET SOCIALISTES

Qui dit Liberté, dit Fédération où ne dit Rien
Qui dit République, dit Fédération ou ne dit Rien,
Qui dit Socialisme, dit Fédération ou ne dit Rien,
(P J. PROUDHON, Capacités Ouvrières).

Vidi gente attufata in uno sterco
Che dagli uman privati parea mosso.
DANTE. — Chant XVIII.

Nous estimons trop haut la *justice dans la révolution* pour nous permettre d'indiquer si sommairement, tant et de si redoutables problêmes sur la question sociale, si une force majeure ne s'imposait à nous.

Il n'a pas tenu qu'à notre patriotisme et à notre bonne volonté, de les présenter étudiés et analysés dans leurs développements, sous un jour peut-être nouveau, selon la mesure de nos forces et de nos moyens.

Mais grâces aux terreurs administratives d'une part ; de l'autre, grâces à la malveillance occulte de quelques-uns de nos coreligionnaires politiques, la peur ayant saisi notre imprimeur, force nous a été de renoncer à une étude sérieuse, à un exposé consciencieux.

Ce sont donc quelques pages écourtées, amoindries, de polémique, au lieu d'un travail *d'enseignement révolu-*

tionnaire, que nous sommes contraints d'offrir aux lecteurs ; quelque chose de moins qu'une ombre, au risque de ne pas être compris de tous.

Votation universelle signifie parole universelle ; nous avons fait tout notre devoir, mais nous devons accuser hautement et le malheur du temps, et la couardise de l'époque, et la tartuferie des soi-disant meneurs de la révolution qui, depuis cinquante ans, n'ont pas cessé de lui faire une fausse conduite.

Pour la gouverne de tous, nous tenons à devoir de faire connaître le faux libéralisme de certains démocrates et leur manque continuel de bonne foi, soit à l'égard des dissidents, en général, soit à l'égard des dissidents socialistes en particulier.

Pour cela faire, constatons d'abord les dissidences de la démocratie française et les dissidences de la démocratie Girondine.

Plus heureuse que la révolution, l'Église, elle, à part quelques dissidences plus formelles que fondamentales a su trouver son UNITÉ !

Organisée au spirituel aussi bien qu'au temporel, qu'elle se garde bien de séparer, elle peut se dire à bon droit *constituée de toutes pièces !*

Là est le secret de sa force, de sa virtualité, de ses triomphes sur la révolution, sa rivale éternelle.

La révolution, au contraire, ne sait, ne veut savoir, ni ce qui constitue *sa spiritualité*, ni en quoi consiste sa *temporalité.* — C'est un corps sans âme, une âme sans corps.

De là la grande scission du socialisme contemporain.

« Nous visons à faire des citoyens et non des votants » disait dernièrement M. Chassin de *La Démocratie.*

Et en effet, ce qui manque à la révolution ce sont des idées, un idéal, des citoyens, des hommes.

Des candidats et des votants, nous en aurons par milliers. — A quoi cela servira-t-il ?

Tous, tant que nous sommes, nous rêvons de recourir aux expédients, à la ruse, à l'empirisme, à *la force !*... Mais du droit selon la révolution, personne n'en fait cas !

Les classes dirigeantes ou gouvernantes ayant battu

la marche, les classes dirigées ou gouvernées emboitent le pas.

Un fait récent vient de le montrer à tous les yeux :

Un de nos amis à Paris, le citoyen Langlois, propose loyalement une sorte de tournoi socialiste, quelque chose comme le fameux colloque de Poissy au XVIe siècle, où Théodore de Bèze, continuateur de Calvin, battit à plate couture les encroûtés du papisme.

Certes, nous n'approuvions pas ce mélange d'officieux et d'officiels, de docteurs pédants et mîtrés d'une part, avec les *irréguliers* de la science de l'autre, mais au fond il y avait là une pensée de fraternité, de conciliation.

Pas un officiel, pas un officieux, n'a répondu.

Des fautes multiples, écrasantes, ont beau souffleter de leurs arguments les faux docteurs ès-sciences économiques ; la misère, le pillage, le gaspillage, fruits de leurs doctrines, ont beau les accuser à grands cris d'imposture et d'impuissance, qu'importe? rien n'y fait contre ces *pachydermes* bourrés d'orgueil, de pédantisme et de routine. Comme l'abbé Vertot, le faux historien, *leur siége est fait.*

Périssent le monde et la France plutôt que la secte économique.

De ce déni de justice, de ce mépris de la liberté, de cet oubli de principes, qu'est-il résulté?

Le châtiment n'a pas tardé !

Une déclaration de vaincus de Juin a paru aussitôt dont la formule était ceci :

« Les *vaincus de Juin* ne discutent pas ; ils attendent ! »

Qu'attendent-ils ces vaincus? c'est bien simple : —La *guerre sociale*, la force.

Voilà votre œuvre vivante, ô libéraux faiseurs, démocrates impuissants, républicains sans idée ni *idéal.*

Tous nous attendons !.....

Quelle perspective !.....

Entre tous, il est encore un autre fléau que nous avions signalé à nos contemporains: l'Idéalisme !

Comme au temps des Césars, l'Idéalisme nous dévore jusqu'à la moëlle des os, — l'idéalisme qui est à l'idéal ce que l'hystérie est à l'amour.

L'amour d'idoles mentales au lieu d'idoles de marbre comme les païens.

L'amour du succès, quand il est évident aujourd'hui que le succès est le *grand accusateur* public.

Voilà, selon nous, quelles étaient les bases critiques et morales du *Cahier d'un Révolutionnaire de 1869* — et ce qu'il n'a pas dépendu de nous de montrer ni de démontrer.

Eh! bien, puisqu'on nous force au silence, au lieu du grand jour et du plein soleil que nous demandons, nous fouillerons jour et nuit les chemins couverts du socialisme, et le jour où liberaux, démocrates, répubicains formalistes, se croiront près de *toucher barre*, ce jour là ils trouveront le terrain miné sous leurs pas.

A la *conspiration du silence* nous opposerons la propagande orale de la *conspiration des idées*.

Voilà depuis les *journées* de *Juin* vingt années écoulées, ô coalisés de tout fiel, de toute rancune! et Juin se dresse devant vous tous, plus rouge, plus vivant que jamais!.....

Souvenez-vous...... Et instruisez-vous!.....

Rien ne se perd...... Rien ne s'oublie......

———

Aux termes de la déclaration des *droits de l'homme et du citoyen*, posée par nos pères en Amérique et rapportée par eux — 1789 ;

Aux termes de la seconde *déclaration des droits*, extension de la première — 1791 ;

Aux termes de la troisième *déclaration des droits*, complémentaire des deux autres — 1793 ;

La révolution française, c'est-à-dire la *conscience de l'humanité*, se sanctionnant elle-même par elle-même, se formulant dans des *assises* solennelles telles que l'œil humain n'en vit jamais, que l'oreille humaine n'en entendit en aucun temps, a *reconnu* des *droits imprescriptibles* et *inaliénables* à tout homme vivant en société.

Ces droits, *ces tables de la loi*, sont :

La *souveraineté du peuple*, — droit de votation *universelle* dans le présent — droit au contrat, au pacte fédéral dans l'avenir :

La *parole parlée* — ou *droit de réunion* ;

La *parole écrite* — ou *droit de la presse* ;

La *propriété* — ou droit du travail, — droit du travail — ou *droit dans les choses.*

La *sûreté* — ou droit de vivre en travaillant, ou *droit dans les personnes.*

Tous droits impliqués et contenus dans la triple devise : — *Liberté*, — *Égalité*, — *Fraternité.* — en opposition de la triple devise contre-révolutionnaire : *Trône, Autel, Coffre-fort,* — c'est-à-dire inégalité dans les personnes — inégalité dans les consciences — inégalité dans les biens.

Au nom de *ces droits immortels, inaliénables,* imprescriptibles : Pouvons-nous voter ?

Répondons hardiment : —Non ! Non !! Non !!!

Prolétaires ! Le droit de votation ou pacte de liberté suppose le *droit de propriété,* le pacte économique entre citoyens, c'est-à-dire la solution du problème du salaire, du travail, en face de la fainéantise, l'improductivité du capital, de l'usure.

Vous êtes indigents: « *Or, indigence c'est servitude* » a dit un paysan, un des vôtres, un illustre penseur.

Pas *d'avoir*, pas de propriété, pas de droit. Le vote, dans ce cas, est une mystification, un trompe-l'œil, une déception. Donc, pas de vote.

Petits bourgeois ! Pour vous, possédant peu ou prou, le droit de *votation universelle* ou de *réunion universelle,* suppose la réunion particulière, publique ou privée, le possédez-vous ce droit? Non !

Or, pas de réunion particulière, pas de réunion générale, pas de vote.

La grande réunion des votants suppose encore, au préalable, quelque chose de plus. Le droit de réunion particulière, à vous bien et dûment acquis, ne serait jamais, après tout, qu'un *lien matériel.* Dans la vie morale d'un peuple, il faut mieux et plus : Il faut une *union des cœurs,* une *union des idées,* une *union des intérêts,* en un mot, une conscience commune, la *communion sociale.*

Tant s'en faut, juste ciel, que vous en soyez là.

Regardez autour de vous : la haine dans les cœurs, ou si mieux vous aimez le *manque de civisme ;* la guerre des idées, ou plutôt le *manque d'idées ou d'idéal ;* la guerre, l'anarchie des intérêts ; nous vivons tous *couteaux tirés, mèche allumée ;* si l'on peut dire, la guerre est dans l'air, dans les tendances, dans les choses. Etonnez-vous donc qu'à un moment donné, question d'heure ou de minute, quelque *Jean-Bart couronné* mette le feu aux poudres ! Voter au milieu d'éléments si discordants, c'est voter au hasard de la fourchette dans l'urne ou dans la marmite gouvernementale.

Donc, abstention ou vote par bulletin blanc, là du moins il y a de la réflexion, il y a jugement et non pas instinct.

Pouvez-vous voter avec *l'union dite libérale ?* Non.

Qu'est ce que *l'union libérale ?*

L'union libérale est un composé, ou plutôt *une mixture* de tous les conservateurs *quand même ;* de tous les tenants et lieu-tenants de *l'ancien régime* déguisés, qui plus, qui moins, sous le faux-nez du libéralisme.

Double tiroir, double face, voilà le costume, la profession des saltimbanques du libéralisme.

« Nous ne voulons pas de révolution, c'est vous qui » la préparez » disait naïvement M. Thiers, le *Guignol de la troupe,* à M. Rouher, le Ministre.

Ce que l'enfant terrible, *l'Ingénu,* disait tout haut, les vieux Crispins le pensaient tout bas !

Ecoutons en un antre :

« En face du socialisme Césarien, autoritaire et des terreurs qu'il nous inspire, *nous sommes, nous avons* » *toujours été un socialiste libéral* » disait naguère le rédacteur en chef de *La Gironde, autre Crispin !*

Que signifient ces demi-tours ? ces concessions *in-extremis* ? Que signifient ces aveux ?

Cela veut dire que les coryphées du libéralisme aussi bien que les coryphées de l'empire, ne sachant où donner de la tête, ne sachant comment et par où échapper à la *marée montante* des problèmes sociaux posés et formulés à nouveau après vingt ans et les journées de juin, dans les *réunions publiques*, par la *grande voix du peuple*, ou dans la tendance de l'époque par la *force des choses*, s'échappent par la porte dérobée de la liberté négative.

La liberté, vous le savez, a deux pôles : l'un négatif, c'est la révolution *politique ou formelle;* l'autre affirmatif, c'est la révolution sociale ou foncière.

En se sauvant par la croisée du *premier* on échappe aux tuiles qui pleuvent de la toiture.

Mensonge, pharisaïsme, mystification, hypocrisie !

Au lieu d'appliquer résolument, franchement, le *droit révolutionnaire*, l'abolition de l'usure sous toutes ses faces dans la question des salaires ou des salariés, l'opposition libérale a eu recours à un expédient, *les grèves*.

Comme si la coalition des ouvriers aussi bien que la coalition des capitalistes n'était pas une violation du droit de la révolution.

Fort de ce précédent, et de tant d'autres que le temps qui nous est compté ne nous permet pas de passer en revue, le chef de l'État, secondé par cette opposition hypocrite, antijuridique, dans son discours sur les livrets d'ouvriers n'a pas manqué (c'était son droit) de faire valoir aux yeux de la plèbe « La *solidarité des* » *salaires opposée à la solidarité des capitaux.* » Ce qui signifie : échappatoire, expédient, et non solution d'un problème social par le droit seul, le droit pur de la révolution.

Là où le libéralisme sème, le césarisme récolte, c'est justice !

A quoi donc a servi cette opposition pendant 17 ans?

À des rétrogradations, à des reculades, à des confusions, à des équivoques.

Voilà son triste bilan.

Nous sera-t-il permis de voter avec *l'union démocratique ?*

Pas davantage : *l'union démocratique*, à part quelques nobles exceptions, veut et tolère le serment ; or, le serment est une religion *féodale* qui subalternise le droit de l'assermenté, c'est-à-dire *le droit de la révolution* à la personne du prince, au droit de *l'assermentateur.*

Levez donc les deux mains, ô libéraux et démocrates, et bientôt ce sera à qui *lèvera les deux pieds.*

De quelle substance, de quels principes a vécu *l'union démocratique* pendant ces 17 ans !

Comme l'empire, elle aussi a vécu de flatteries à la plèbe, d'entraînements et *des instincts*, elle n'a su avoir ni principes, ni idées, ni idéal révolutionnaires. —

Le scepticisme politique la dévore ; chaque jour elle va le criant sur les toits ; l'impuissance la ronge ; elle montre à qui veut voir le fond de ses chausses.

Il n'est pas un seul des articles de son programme qui, pour sa réalisation, ne réclame au préalable la solution *de l'équation sociale.*

Si la malvaillance d'une part, la terreur administrative de l'autre, ne nous eussent cloué la langue, il ne nous eût pas été difficile de le démontrer.

L'union démocratique aussi bien que *l'union libérale* a laissé créer à nos portes *l'Unité italienne :* trente millions de bourgeois sous un *despote bourgeois* ; Victor Emmanuel ; *l'Unité* germanique : quarante millions de bourgeois sous un *despote féodal*, Guillaume III ; *une Prusse au nord, une Prusse au midi.*

Elle a permis deux évolutions bourgeoises, bancocratiques, capitalistes, militaires, au lieu d'aider par le renversement des Hapsbourg à la révolution en Autriche, en vue de refouler *l'invasion russe* ; en vue de balancer *l'empire des Slaves* par la *confédération des Slaves.*

Au lieu d'étouffer dans leurs nids à *Rome* et à *Cons*tantinople les deux œufs autoritaires et religieux ; l'un *l'islanisme* ou la *résignation* ; l'autre, le *christianisme* ou *l'expiation*, c'est-à-dire la déchéance de l'homme sous ces deux symboles les plus vivants ; elle s'est attelée à la *haute hypocrisie* de la séparation du temporel et du spirituel.

Quand il s'agissait de renverser à la fois et le *Calife de l'Occident* et le *Calife de l'Orient !*

Quand il s'agissait, en définitive, de noyer le *spirituel* de Rome dans la *spiritualité de la révolution*, d'enlever une fois pour toutes la conscience humaine à la conscience divine, d'écraser enfin *l'idéalisme*, *l'absolutisme oriental* sous la massue de la liberté, et de la *raison occidentale.*

Trop pauvre d'idée révolutionnaire, la démocratie n'a pas seulement compris le premier mot de la question.

Seule, la fédération, en vertu de sa triple portée philosophique, positive et révolutionnaire, peut assurer la prépotence du principe économique et social sur le principe militaire et politique, autrement dit, la subordination de *l'improductivité à la productivité.*

L'unitarisme toléré par l'union-démocratique, c'est la guerre en permanence, la guerre universelle, au lieu de la paix en permanence et perpétuelle.

Contradictions politiques, contre-sens économiques, non-sens révolutionnaires ; voilà son bagage.

Que faire devant ce double échec ?

En face du socialisme autoritaire ou césarien, opposer le droit humain seul, le socialisme selon le droit, *la revendication de la propriété pour tous par l'anéantissement de l'usure.*

En dehors des moyens pratiques et actuels qui nous sont interdits dans le milieu de trahison qui nous enveloppe, quels sont ou pourraient être les moyens présents et théoriques ?

Une refonte absolue et totale des bases de notre instruction et éducation.

Il nous faut avant tout *refaire nos mœurs et nos idées,* refaire à la France *une virginité !*

Au nom de la révolution :

Qui travaille prie, l'homme crée ses sociétés lui-même, crée sa morale lui-même ; il ne reçoit sa conscience ni d'un maître en haut, ni d'un maître en bas !

Toute l'Ethique, toute la morale est dans la Révolution. — Qui prie ne travaille pas !

Qui travaille raisonne. L'homme crée sa parole, son verbe lui-même et ne reçoit ses idées, ni d'un pédagogue en haut, ni d'un magister en bas.

Le verbe humain en place du *verbe divin !*

Qui travaille philosophe. L'homme une fois pour toutes, reprend sa raison aliénée par lui à l'origine des civilisations aux religions de la terre ; à tous les cultes râlant et épuisés, il oppose la raison humaine, toute humaine, rien qu'humaine !

Qui travaille fait de la justice. L'homme se fait juste, se *justifie* par lui-même sans le secours de *sauveurs de providences* en haut, ni de sauveurs de *providences en bas !* — L'homme crée son droit lui-même : — le droit humain.

Qui travaille fait de la révolution. La révolution en permanence c'est la conscience humaine évoluant, révoluant sur elle-même, se redressant sans cesse, s'élevant de plus haut en plus haut dans la justice positive, vers un idéal toujours de plus en plus beau, de plus en plus parfait.

Hors du travail manuel théorique et pratique à la fois, pas d'instruction ni d'éducation, sous peine de retomber par toutes les quasi-religions qui foisonnent sur la terre dans les idées et les mœurs de *l'ancien régime.*

Or, ne nous y trompons pas, à ce point de vue, l'université fait autant de *jésuites laïques,* de pique-assiettes sociaux, que l'église ou Tivoli font de jésuites cléricaux, de parasites tonsurés.

Les anciens s'étaient fait des idoles de bois, de pierre, de marbre, pour adorer, sous une forme plastique, la *Richesse,* la *Science,* le *Commerce,* l'*Art,* la *Justice.* Les *modernes,* à leur tour, se sont fait des idoles *mentales* de toutes ces puissances. Ils sont devenus idéalistes ou idolâtres ; à part la forme, l'idolâtrie est la même. — Rien n'est changé. — Si ce n'est que pire est le mal.

Nos savants font de la *science pour la science* ; nos commerçants du *commerce pour le commerce* ; nos capitalistes de *l'usure pour l'usure* ; nos politiquants font de la *politique pour la politique* ; nos militaristes de la *guerre pour la guerre* ; nos lettrés de la *littérature pour la littérature* ; nos artistes de *l'art pour l'art*.

Succès de tribune, succès de journal, succès de livre, succès de théâtre, succès de vanité, succès d'amour-propre, succès de caisse, mais *succès de justice*, pas un ne s'en soucie. — Avocats, journalistes, notaires, avoués, huissiers, commerçants, artistes, lettrés, tous en sont là !

Tout ce monde d'universitaires, de normaliens, de sorbonniens, devenu *idolâtre*, n'a rien à envier au *monde païen*.

Au lieu de faire de toutes ces puissances, de ces facultés, de ces réalisations de l'âme humaine, des instruments de moralité, de révolution, de justice, ils en ont fait des *instruments de jouissance personnelle*, des *instruments de plaisir*, de *sensualité*, *de volupté*, des instruments de *contre-révolution*.

« L'abstention est un principe, disait ces jours-ci un » honorable journaliste, mais la *France n'a pas de prin-* » *cipes*, à quoi bon soutenir l'abstention ? »

Étrange sophisme en vérité, cela revient à dire ceci : Un homme se va mourant *d'anémie*, *d'anesthésie*, en un mot la circulation du sang, chez lui, ne fonctionne plus dans l'organisme ; donc, ôtons-lui ce qui lui reste encore de sang ; voilà à quelle force d'argumentation, de concessions en concessions, aboutissent nos *docteurs Sangredo* de la presse.

Autre objection : interpellé sur notre chemin par un libérâtre décoré de l'empire, de plus magistrat consulaire, de plus opposant des circonscriptions électorales, sur notre ligne politique nous répondons : Abstention !

« Théorie » répond avec dédain le décoré impérial, le *pratiquant à double jeu*, la pratique à lui comme à tant d'autres, consiste en ceci : Recevoir les insignes de la faveur impériale de la main droite, égratigner de la gauche ladite faveur.

Sans compter que porte-parole dans la *protestation Paulet* contre les circonscriptions électorales, ledit pratiquant ne se doute pas tant seulement qu'au point de vue du droit, *qui doit être l'objectif permanent de tout vrai révolutionnaire*, la correction des circonscriptions électorales doit avoir pour corollaire ou pour correctif préalable la réforme des circonscriptions candidataires, sous peine, à un jour donné, dans la vie d'un peuple, de voir sortir un dictateur ou un *diable en chair et en os* de l'urne électorale.

Et puisque le hasard amène sous notre critique la fameuse *Protestation contre les circonscriptions électorales*, examinons en passant la conduite *pratique* de l'opposition Girondine.

La Gironde a embouché la trompette du libéralisme à ce sujet. Tous les journaux de France ont fait chorus — Il y a donc tout profit pour nous dans l'examen de cette question.

Dès le premier jour de sa naissance jusqu'à aujourd'hui, depuis 1852 jusqu'à 1869, quelles ont été les données pivotales, les bases d'opération, de la politique Impériale ?

La réponse est bien nette : ce sont, d'une part, l'augmentation successive des *cadres de l'armée*, l'accroissement de la force publique ; de l'autre, l'accroissement successif annuel des *cadres du budget*.

Devant une attitude si manifeste, si opiniâtre, quelle devait être la conduite naturelle, rationnelle, de toute opposition quelle qu'elle fût.

C'était 1° de refuser avec la même tenacité toute augmentation indirecte ou directe des contingents militaires — Au besoin, refuser tout le contingent lui-même ;

2° Refuser toute allocation des deniers publics ; refuser l'Impôt, soit en bloc, soit en détail. — Par ce double refus, l'axe même de la politique Impériale se trouvait embarré dès le premier jour. A la majorité incombait tout le poids du gaspillage financier, de l'engloutissement de la fortune publique.

En conséquence, toute opposition, soit nationale, soit départementale, soit municipale, Corps législatif, conseil départemental, conseil communal, qui, en bloc, en détail, votait soit les contingents de l'armée, soit les contingents du budget, se trouvait de force ou de gré inféodée aux aventures de l'Empire, et complice du système.

De plus, le serment préalable n'étant pas exigible pour les conseillers municipaux, rien n'était si facile, après nomination, de le refuser avec éclat.

Cette prestation de serment n'étant pas d'urgence préalable comme pour le Corps législatif, constituait vis-à-vis des assermentés une seconde inféodation toute morale.

De quel front ces opposants municipaux inféodées par deux fois et par des actes matériels, économiques, et par des actes moraux ou juridiques, osent-ils venir faire du fédéralisme, se réclamer des traditions municipales, quand ils ont subalternisé ces traditions, ces franchises, par des manœuvres unitaires, en un mot, quand ils ont été *unitaristes* à pleine peau ?

Est-ce là de la décence ? est-ce là de la logique ? nous le demandons.

Non, cela s'appelle aujourd'hui — *de la pratique.*

Et pour inconséquence dernière de ces politiquants, qui donc est leur mandataire, leur représentant officiel à Paris ? Qui donc a mission d'aller plaider leur cause à la section du ministère de l'Intérieur ?

Un homme libre, bien connu sans doute par ses allures, par ses principes fédéraux ou républicains ?

Pas le moins du monde. — Le choix tombe sur un citoyen honorable, assurément, mais un citoyen lié par trois ou quatre attaches au système Impérial.

1re attache — Son serment municipal ;

2me attache — La croix ;

3me attache — Deuxième serment comme magistrat consulaire ;

Sans compter ses votes pour les emprunts et travaux publics.

Pour toute réponse à ce porte-parole, M. le Ministre n'avait qu'à lui dire :

« Mais, Monsieur le Conseiller, avant de nous faire
« de l'opposition sur le terrain de l'exécutif, tant en votre

« nom qu'en celui de vos confrères, veuillez donc me
« remettre au préalable et votre croix et votre fonction,
« d'autre part, permettez aussi que je vous délie des
« deux serments que vous nous avez prêtés ainsi que de
« ceux de vos co-opposants. Cela fait, et libres de toutes
« attaches gouvernementales, de tout hommage-lige,
« nous pourrons écouter vos doléances, vos récrimina-
« tions, celles de vos amis. — Sans cela, nous ne pouvons
« comprendre *qu'un homme pratique* comme vous, des
« *hommes pratiques* comme vos amis, puissiez jouer le
« double jeu auquel, sans doute, vous n'avez pas assez
« mûrement réfléchi.

Voilà ce qu'un ministre franc et habile eût répondu ;
mais le ministre qui sent le besoin d'avoir sous la main
des hommes sans idées comme sans principes, sachant
bien que cette race d'homme sert, comme *Dupin*,
comme *Talleyrand*, comme *Portalis, son pays sous tous
les régimes*, le ministre Impérial s'est bien donné de
garde de le rebuter.

Il a fait le sourd et s'est réservé pour l'avenir.

Et dire que voilà quarante ans que l'on nous mène
avec de pareilles sornettes !

Quand donc en aurons nous fini avec toutes ces mé-
diocrités surfaites qui, depuis le Corps législatif jusqu'aux
Conseils municipaux, ont la prétention de donner le
branle à l'opinion publique et qui dévorent et ruinent
le génie juridique de la France,

Pauvre France ! Pauvre pays !

« Ce sont des *oseurs politiques*, nous disait naïvement
un intime tout ahuri de trouver dans la Gironde *tant
de Brutus* non soupçonnés par lui jusqu'ici.

« Tout doux, répondîmes-nous « Ce sont des *poseurs*
« *politiques*, voulez-vous dire. Il en est d'une lettre
comme d'un zéro : placez-là devant un mot ou ometez-
là et la valeur de l'idée aussi bien que celle de l'homme
est changée du tout au tout.

Mais est-ce que les graves pratiquants de nos jours
s'avisent seulement de pareilles misères ? *le droit dans
la révolution* c'est bon pour ces niais de théoriciens
socialistes !

Nous autres, il est, vrai, de la plèbe, nous nommons tous les bohêmes politiques ou autres d'un qualificatif bien connu en langage de faubourg, cela s'appelle *une pratique !*

Or, en connaître un, c'est les connaître tous !

Braves bourgeois, ils se disent pratiques, et dans l'espace de soixante-dix ans, il n'ont étranglé que huit ou dix pauvres petites constitutions, 1789, 1791, 1793, 1804, 1814, 1815, 1830, 1848, 1852. Ils se disent *pratiques*, et ils ont guillotiné un roi, exilé trois autres rois, et le régicide, *ce suicide national*, est en permanence. Ils se disait *pratiques* : ils étaient esprits-forts sous l'empire, voltairiens sous la restauration, éclectiques sous le quasi-légitimité ; ils sont déistes maintenant ; et quémandeurs de la séparation du temporel et du spirituel. Brouillons et remue-ménage en politique comme en religion, ils ne savent *ce qu'ils sont, ce qu'ils veulent*, d'où *ils viennent* et où *ils vont*. Tenez, bourgeois, permettez à un des vôtres par position, mais non par le cœur et l'esprit, de vous le dire : vous êtes des gâte-sauce, des remue-plats, des caillettes, des marmitons, des *gâteux* politiques.

Vous qui accusez si légèrement et par-dessous main le sens intellectuel des autres, vous n'avez ni sens moral, ni sens juridique. Tenez vous le pour dit.

» On connait un arbre à ses fruits » disait ces jours-ci un auguste personnage habitant des acropoles de hauts-lieux. Qu'avez-vous fait de vos fils ! des singes singeant la noblesse malgré la roture à quatorze quartiers écrite dans leurs pieds et leurs mains ? Vous en avez fait des *vélocipédistes*, des décadenciers, des byzantins qui ont peur de ne pas courir assez vite sur le turf de la décadence.

Mais, nous dit-on, entr'autres rubriques à l'encontre de l'abstention: « *Vous ne serez qu'une minorité.* » Nous répondons à cela : 1° ce sont les majorités qui mènent le monde, c'est vrai, mais ce sont *les minorités qui le poussent ;* 2° tous nos gouvernements, depuis soixante-dix ans, sont tombés en *pleine graisse, en pleine majorité.*

Il n'y a pas là de quoi nous arrêter, tant s'en faut.

Retirons-nous donc sur le *Mont Aventin* du socia-lismes. C'est là que sont les espérances, les *communaux de la plèbe*.

Notre dignité républicaine, nos intérêts économiques, notre droit révolutionnaire, nous interdissent de prendre rang dans la ronde priapique de l'époque,

A tous ce monde *surfait* de dévoyés, de déroutés, de déclassés, de haut et bas fantaisistes, d'aventuriers, de casse-cous politiques, d'hallucinés de tout cabanon, sans foi politique, sans loi politique, sans idées, sans idéal, opposons des principes, raidissons-nous et ne fléchissons pas.

Notre mot de passe, à nous fédéraux ou socialistes, *car c'est tout un*, c'est encore une fois en 1869 comme en 1863 : c'est *abstention !* ou *vote par bulletin blanc !*

www.ingramcontent.com/pod-product-compliance
Lightning Source LLC
Chambersburg PA
CBHW051318050726
47595CB00008B/3606